Clyfar!

www.peniarth.cymru

Testun: Non ap Emlyn, 2018
© Delweddau: Canolfan Peniarth, Prifysgol Cymru Y Drindod Dewi Sant, 2018

Golygyddion: Lowri Lloyd ac Eleri Jenkins

Dyluniwyd gan Rhiannon Sparks

© Lluniau: Shutterstock.com

Cyhoeddwyd yn 2018 gan Ganolfan Peniarth

Mae Prifysgol Cymru Y Drindod Dewi Sant yn datgan ei hawl moesol dan Ddeddf Hawlfraint, Dyluniadau a Phatentau 1988 i gael ei hadnabod fel awdur a dylunydd y gwaith yn ôl eu trefn.

Cedwir pob hawl gan yr awdur unigol. Ni chaniateir atgynhyrchu unrhyw ran o'r cyhoeddiad na'i gadw mewn cyfundrefn adferadwy na'i drosglwyddo mewn unrhyw ddull na thrwy unrhyw gyfrwng electronig, electrostatig, tâp magnetig, mecanyddol, llungopïo, recordio, nac fel arall, heb ganiatâd yn ysgrifenedig ymlaen llaw gan y cyhoeddwyr uchod.

Wyt ti'n gwybod

Cynnwys

Tsimpansî

Ffeil ffeithiau

Byw:	Affrica
Cynefin:	Fforestydd fel arfer ond mae rhai'n byw ar diroedd glaswellt
Bwyta:	Ffrwythau, planhigion, pryfed, wyau ac weithiau cig
Corff:	Tua 1.5 metr

Clyfar!

Mae tsimpansïaid yn gallu gwneud a defnyddio offer. Maen nhw'n defnyddio darnau o bren i dwrio am bryfed ac maen nhw'n defnyddio cerrig i dorri cnau.

Dewch yma, bryfed bach.

Maen nhw'n gallu 'siarad' â'i gilydd drwy wneud synau arbennig. Maen nhw'n gallu 'siarad' â phobl drwy wneud arwyddion arbennig.

Maen nhw'n gallu dysgu pethau newydd.

Cameleon

Ffeil ffeithiau

Byw:	Affrica, De Ewrop a rhannau o Asia
Cynefin:	Mae rhai'n byw mewn coed mewn fforestydd glaw. Mae rhai'n byw ar y ddaear.
Bwyta:	Pryfed

Wyt ti'n gwybod?

Mae tua 160 math o gameleon.

Mae cameleon yn gallu newid ei liw.

Mae'n gwneud hyn er mwyn medru cuddio rhag anifeiliaid eraill. Hefyd, mae ei liw'n tywyllu pan mae'n flin neu pan mae eisiau rhoi braw i anifail arall.

Mae gan gameleon lygaid arbennig iawn. Mae'r ddau lygad yn gallu gweithio ar eu pen eu hunain. Maen nhw'n gallu edrych ar ddau beth gwahanol yr un pryd felly.

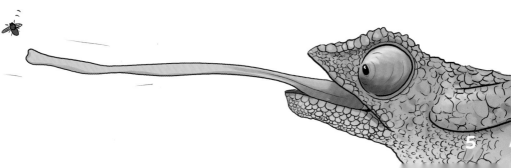

Eliffant Affrica

Ffeil ffeithiau

Byw:	Affrica
Cynefin:	Unrhyw le lle mae digon o fwyd a dŵr
Bwyta:	Dail, gwreiddiau, brigau, glaswellt, ffrwythau
Taldra:	Tua 3 metr

Wyt ti'n gwybo

Yr eliffant yw'r mamal mwyaf sy'n byw ar y tir.

Clyfar!

Mae eliffantod yn gallu arogli dŵr filltiroedd i ffwrdd. Mae hyn yn bwysig achos maen nhw'n yfed tua 210 litr bob dydd.

1L × 210

Faint o ddŵr wyt ti'n yfed bob dydd?

Mae eliffantod yn gallu nofio. Maen nhw'n cadw'u trwnc uwchben y dŵr fel eu bod nhw'n gallu anadlu - fel anadlu drwy snorcel.

OND ... dydy eliffantod ddim yn gallu neidio.

Tsita

Ffeil ffeithiau

Byw:	Canol, De a Dwyrain Affrica ac Iran
Cynefin:	Tiroedd glaswellt
Bwyta:	Cig – anifeiliaid eraill
Corff:	1 m - 1.5 m; Cynffon: 65 cm - 80 cm

Clyfar!

Y tsita yw'r anifail cyflymaf ar y Ddaear.

Mewn 3 eiliad, mae'n gallu cyrraedd cyflymder o tua 60 milltir yr awr - mae hyn yn gynt na llawer o geir.

Rhaid i chi fynd yn gynt os ydych chi eisiau ennill y ras.

Wyt ti'n gwybod?

Mae'r tsita'n llai na'r llew a'r llewpart.
Dydy e ddim yn gallu dringo coed.
Dydy e ddim yn gallu rhuo.

Dolffin

Ffeil ffeithiau

Byw:	Mewn moroedd sydd ddim yn rhy oer ar draws y byd
Cynefin:	Y môr fel arfer; mae rhai'n byw mewn afonydd.
Bwyta:	Pysgod
Corff:	Mae'r dolffin trwynbwl tua 2 – 4 m

Clyfar!

Mae dolffiniaid yn chwareus iawn. Maen nhw'n hoffi chwarae a neidio allan o'r dŵr. Maen nhw'n gallu neidio 6 metr allan o'r dŵr.

Mae dolffiniaid yn gallu 'siarad' â'i gilydd drwy wneud synau arbennig.

Pan mae dolffiniaid yn cysgu, maen nhw'n cadw un llygad ar agor bob tro er mwyn gweld unrhyw berygl.

Mae dolffiniaid yn helpu ei gilydd os bydd un wedi brifo.

Gwennol ddu

Ffeil ffeithiau

Byw:	Cymru a De Affrica
Cynefin:	Mae hi'n treulio'r rhan fwyaf o'i bywyd yn yr awyr.
Bwyta:	Pryfed mân a chorynnod
Corff:	Tua 40 gram

Clyfar!

Mae'r wennol ddu'n dod i'n gwlad ni ddiwedd Ebrill neu ddechrau Mai fel arfer. Mae hi'n gwneud nyth ac yn dodwy wyau yma. Yna, ddiwedd Gorffennaf neu ddechrau Awst, mae hi'n hedfan yn ôl i Dde Affrica.

Mae hi'n teithio miloedd o filltiroedd ac yn llwyddo i ffeindio'i ffordd heb unrhyw fap na *sat nav*! Dyna glyfar!

Mae'r wennol ddu'n gallu hedfan hyd at 500 o filltiroedd mewn diwrnod.

Mae hi'n cysgu tra bydd hi'n hedfan.

Dilynwch fi!

Wyt ti'n gwybod?

Y wennol ddu yw un o adar cyflymaf y byd. Mae hi'n gallu hedfan bron 70 milltir yr awr.

Môr-wennol y Gogledd

Ffeil ffeithiau

Byw:	Pegwn y De / Pegwn y Gogledd
Cynefin:	Wrth y môr
Bwyta:	Pysgod
Disgrifiad:	Aderyn gwyn a llwyd gyda chap du, pig a choesau coch

Clyfar!

Mae Môr-wennol y Gogledd yn teithio o Begwn y Gogledd i Begwn y De ac yn ôl bob blwyddyn. Mae'n gadael Pegwn y Gogledd ar ddiwedd yr haf, yn teithio i Begwn y De am y gaeaf cyn dychwelyd eto i Begwn y Gogledd yn y gwanwyn. Mae'n teithio tua 44 000 milltir.

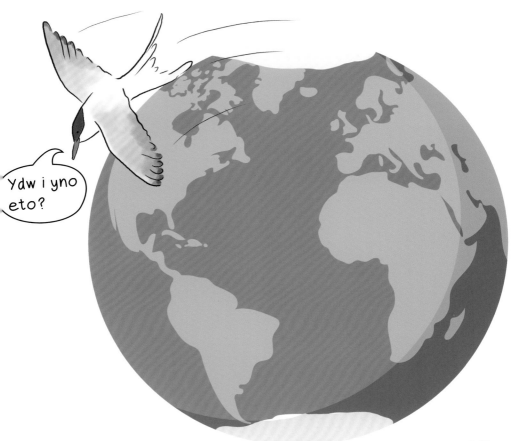

Aderyn si

Ffeil ffeithiau

Byw:	Gogledd a De America
Cynefin:	Coedwigoedd, caeau, dinasoedd – unrhyw le lle mae digon o flodau
Bwyta:	Neithdar ac weithiau pryfed
Disgrifiad:	Aderyn bach lliwgar, 5 cm - 20 cm

Clyfar!

Mae'r aderyn si'n gallu hofran.

Mae'n gallu hedfan ymlaen, yn ôl, a hyd yn oed wyneb i waered.

Dyma'r unig aderyn sy'n gallu hedfan yn ôl.

Ble wyt ti'n mynd?

Wyt ti'n gwybod?

Yr aderyn si yw un o'r adar lleiaf yn y byd.

Mynegai